BEI GRIN MACHT SICH IHR WISSEN BEZAHLT

Bibliografische Information der Deutschen Nationalbibliothek:

Die Deutsche Bibliothek verzeichnet diese Publikation in der Deutschen National-
bibliografie; detaillierte bibliografische Daten sind im Internet über http://dnb.d-
nb.de/ abrufbar.

Dieses Werk sowie alle darin enthaltenen einzelnen Beiträge und Abbildungen
sind urheberrechtlich geschützt. Jede Verwertung, die nicht ausdrücklich vom
Urheberrechtsschutz zugelassen ist, bedarf der vorherigen Zustimmung des Verla-
ges. Das gilt insbesondere für Vervielfältigungen, Bearbeitungen, Übersetzungen,
Mikroverfilmungen, Auswertungen durch Datenbanken und für die Einspeicherung
und Verarbeitung in elektronische Systeme. Alle Rechte, auch die des auszugsweisen
Nachdrucks, der fotomechanischen Wiedergabe (einschließlich Mikrokopie) sowie
der Auswertung durch Datenbanken oder ähnliche Einrichtungen, vorbehalten.

Impressum:

Copyright © 2016 GRIN Verlag, Open Publishing GmbH
Druck und Bindung: Books on Demand GmbH, Norderstedt Germany
ISBN: 9783668422605

Dieses Buch bei GRIN:

http://www.grin.com/de/e-book/322202/die-bedeutung-des-kampfjungfrauen-
motivs-jeanne-d-arc-elisabeth-i-und

Dennis Stichi

Die Bedeutung des Kampfjungfrauen-Motivs. Jeanne d´Arc, Elisabeth I. und "Die Päpstin" von Donna Cross

GRIN Verlag

Artland-Gymnasium Quakenbrück

Schuljahr: 2015/2016

Seminarfach: Se11/Q1

Thema der Facharbeit:

„Ich habe das Herz eines Mannes, nicht das einer Frau, und keine Angst vor irgendetwas." Elisabeth I., 1585; Die Bedeutung des Kampfjungfrauen - Motivs dargelegt an ausgewählten Beispielen - Donna W. Cross „Die Päpstin" o.a. Elisabeth I.; Jeanne d´Arc.

Verfasst von:

Dennis Stichling

(Abgabetermin 14.03.16)

Inhaltsverzeichnis

1. Um was geht es in dieser Facharbeit?

In dieser Facharbeit möchte ich mit Hilfe dreier Frauen das „Kampfjungfrauen-Motiv" näher erläutern, indem ich vorerst das Motiv aus meiner Sichtweise erkläre und es anschließend mit den Frauen „Johanna" aus dem Buch *„Die Päpstin"* von **Donna W. Cross**, der französische

5   „Kriegsführerin" Jeanne d'Arc und der Königin Englands von 1558 Elisabeth I. vergleichen.

Dazu werde ich Brünhild aus meiner vorherigen Hausarbeit mit einbeziehen, da ich schon vorher bei ihr bemerkt habe, dass sie Merkmale einer Kampfjungfrau besitzt.

Größtenteils werde ich mich auf Päpstin Johanna und Brünhild stützen, da ich dort mehr Quelleninformationen besitze.

10   ## 1.1. Mein Vorgehen

Ich nehme mir die erwähnten Frauen genauer unter die Lupe, bedeutet, dass ich deren Situationen klarstelle und anhand dieser Informationen ihre Charakterzüge herausarbeite. Besonderen Wert lege ich auf die sowohl weiblichen, als auch männlichen Klischees und Stereotypen. Aber warum die männlichen Stereotypen und Klischees, wenn ich mich auf

15   Frauen beziehe? Aus ganz einfachen Grund: Das Hauptmerkmal des Kampfjungfrauen-Motivs ist das Verlangen und Bestreben männlicher Rechte, männlicher Charaktereigenschaften und Macht als Frau, welche nur Männer besaßen zu der Zeit der zu vergleichenden Frauen, dazu aber mehr in Abschnitt 5.

1.2 Probleme mit Quellen und der Recherche

20   Nach langem Suchen über das Internet nach Literaturen oder wenigstens Definitionen des Kampfjungfrauen-Motives im Internet musste ich feststellen, dass es keine richtige Definition gibt. Auch in keinem Wörterbuch ist der Begriff „Kampfjungfrau" zu finden. Es gibt aus den nordischen Mythen die Walküren[1], die Ähnlichkeiten mit den erwähnten Frauen haben, aber nur im Sinne der Kriegsbereitschaft. Somit muss ich anhand der Stereotypen der

25   ausgewählten Frauen mir eine Definition für das „Kampfjungfrauen-Motiv" herleiten. Folglich ist zu meinem Vorgehen zu ergänzen, dass ich den vorgegeben Begriff „Kampfjungfrau" analysiere und ihn mit Hilfe der Klischees und Stereotypen bzw. mit Hilfe der Charaktereigenschaften von Johanna, Jeanne d'Arc, Elisabeth I. und Brünhild definiere.

Da Quellen aus dem Internet nicht als glaubwürdig anerkannt sind, war es zeitlich schwierig

30   in der Bibliothek in Osnabrück Bücher zu finden, die eher männlichen Merkmale der Frauen hervorheben, weshalb ich mich mit Biographien und Zusammenfassungen geschichtlicher

---

[1] Walküren: „Die überirdische Frauengestalt in altnordischen Mythen sind Dienerinnen des Oberund Totengottes Odin. Sie mischen sich bei Schlachten ins Getümmel und führen die ruhmreichen, im Kampf gefallenen Helden nach Walhall, der großen Totenhalle, in der Odin seine Untergebenen Krieger empfängt." – aus Peter Fiebag, Dr. Elmar Gruber, Rainer Holbe 2002: 1065

Ereignisse begnügen musste. Nur der Roman von **Donna W.** Cross *„Die Päpstin"* bietet genug Informationen über die Frau „Johanna"

2. Der Roman „Die Päpstin" von Donna W. Cross

5 Der Roman von **Donna W.** Cross ist ein historischer Roman, was bedeutet, dass er auf historische Ereignisse basiert, aber nicht vollkommen der Wahrheit entspricht, um auch eine Art „Spannungsbogen" im Buch zu haben. Der Autor erklärt auf den letzten Seiten des Romans (S. 556 bis 566), ob die Geschichte um Päpstin Johanna belegbar ist und ob es eher ein Mythos ist als eine wahre Begebenheit. Er führt auf den Seiten viele Belege auf,

10 beispielsweise Schriftstücke in denen Johanna vorkommt. Am Ende schlussfolgert er, dass aus seiner Sicht Johanna existiert hat, aber die Kirche versucht es zu vertuschen.[2]

2.2. Päpstin Johanna (Johannes Anglicus) und ihre Geschichte

Johanna sei eine eher ungewünschte Tochter des Dorfpriesters aus Ingelheim. Ihr Vater hätte erwartet, dass er einen dritten Sohn bekäme, doch wurde enttäuscht. Im Jahre 800 und später

15 war es nämlich untersagt, dass eine Frau gebildet sein darf. Johannas Brüder Matthias und Johannes wurden vom Dorfpriester bzw. ihrem Vater unterrichtet um später einmal auf eine Schule zu gehen. Johannas heidnische Mutter Gudrun stand, wie der ganze Rest der Familie, unter der frommen und strengen Gewalt des Dorfpriesters.[3]

Johanna war schon als kleines Kind sehr wissbegierig. Obwohl es verboten war, dass Johanna

20 etwas lernte, beispielsweise lesen und schreiben, brachte sie Matthias dazu ihr es heimlich beizubringen. Im Gegensatz zu Johannes lernte sie schnell und beherrschte es besser als Johannes. Matthias brachte Johanna auch verschiedene biblische Geschichten und ihre Aussagen bei. Eines Tages starb Matthias und der Dorfpriester wollte nun, dass Johannes später auf eine Schule geht.[4]

25 Der Dorfpriester fand bald durch Johannas eigene Schuld heraus, dass sie lesen und schreiben konnte. Ihr Vater bezichtigte Johanna daraufhin, dadurch ihren Bruder getötet zu haben. Auch später verärgerte Johanna ihren Vater, indem sie einen Gelehrten aus Griechenland ihre Wissen preisgab, woraufhin der Gelehrte Aeskulapius sie unterrichtete unter der Bedingung, dass Johannes auch unterrichtet wird. Der Grieche lehrte Johanna viel, auch Sachen, die unter

30 den Christen als heidnisch verteufelt wurde. Der Gelehrte musste aber nach langer Zeit wieder zurück nach Griechenland, versprach aber Johanna, dass er für sie einen Ersatz suchen wird.[5]

---

[2] vgl. Donna W. Cross (2009): 556-566
[3] vgl. A.a.O.: 5, 16, 19, 23
[4] vgl. A.a.O.: 26, 30, 33, 37
[5] vgl. A.a.O.: 40, 53, 54, 73

Nach langer Zeit voller Qualen, die der Dorfpriester Johanna zufügte, kam ein Bote, der Johanna zu einer Schule bringen wollte, doch der Dorfpriester bestritt, dass der Bote im Recht liegt und bat ihn seinen Sohn mitzunehmen, auch die Mutter Gudrun bestätigte, dass Johannes anstelle Johanna gemeint ist. Johanna fühlte sich betrogen von ihrer Mutter. Johannes zog also

5   mit dem Boten los zur Schule in Dorstadt. Johanna flüchtete nachts aus dem Haus und rannte zum weiten Treffpunkt, wo der Bote Johannes hinbrachte. Auf dem Weg traf sie Johannes, der in einem Überfall verwickelt war indem der Bote ums Leben gekommen ist. Beide gelangten zum Treffpunkt und wurden nach Dorstadt gebracht.[6]

In der Schule wurde sie mit ihrem Bruder aufgenommen, nachdem Johanna ein Disput mit

10   einem Gelehrten hatte, der gegen die Aufnahme war, da es Frauen untersagt war etwas gelehrt zu bekommen. Johanna überzeugte den Bischof mit Geschick sie trotzdem aufzunehmen. Sie wohnte nun im Haus des Ritters Gerold.[7]

Gerold schätze die Intelligenz Johannas. Aber Gerold war auch der einzige mit dieser Ansicht. Die Mitschüler verspotteten Johanna, ihr Lehrer strafte sie willkürlich, die Frau des Ritters

15   mochte sie auch nicht, sogar Johannes, ihr eigener Bruder verspottete sie. Doch Johanna blieb stark und konzentrierte sich auf ihre Studien, wobei Gerold sie unterstützte. Gerold brachte ihr das Reiten bei und gab ihr Bücher zum studieren. Johanna empfand Gefühle für Gerold, auch wenn dieser über zehn Jahre älter war als sie. Auch Gerold liebte Johanna. Das wurde ihnen zum Verhängnis. Gerold war für einen Auftrag mehrere Wochen aus der Stadt. Die Frau des

20   Ritters plagte die Eifersucht und arrangierte gegen den Willen Johannas eine Heirat. Sie holte sich mit einer List die Genehmigung des Bischofs, woraufhin Johanna von der Schule verwiesen wurde. Während der Eheschließung wurde die Kapelle von Normanen überfallen und ganz Dorstadt wurde vernichtet. Nur Johanna schaffte es zu überleben, da sie sich versteckt hatte. Sie fand ihren Bruder tot in der Kapelle. Johanna ging durch den Kopf,

25   welche Freiheit sie als Mann hätte. Sie schnitt sich die Haare kurz und zog die Kleidung ihres Bruders an.[8]

Sie floh ins Kloster in Fulda und gab sich als Johannes aus. Dort wurde sie aufgenommen und bekam den Namen „Johannes Anglicus". Sie schaffte es Jahre lang ihre Identität als Mann aufrecht zu erhalten. Im Kloster konnte Johanna ihre Studien fortführen mit Hilfe der

30   Klosterbibliothek. Sie wurde sogar als Priester ernannt, doch dadurch wurde sie fast enttarnt, denn ihr Vater der Dorfpriester erfuhr, dass „sein Sohn Johannes" zum Priester ernannt wurde, weshalb er nach Fulda kam, um zu gratulieren. Der Dorfpriester erkannte Johanna und

---

[6] vgl. Donna W. Cross (2009): 84, 93, 94, 99, 103, 105, 107
[7] vgl. A.a.O.: 113, 115, 117, 118
[8] vgl. A.a.O.: 128, 129, 131, 132, 143, 184, 187, 191, 192, 208, 217

wollte dem ganzen ein Ende bereiten, aber wie durch ein Wunder erlitt Johannas Vater einen Schlaganfall und starb. Eines Tages erkrankte Johanna an Fieber. Da ihr im Kloster viel über die Medizin beigebracht wurde, wusste sie, dass sie sich für die Behandlung entkleiden müsste und weshalb ihre männliche Identität in Gefahr war. Sie flüchtete geschwächt aus dem

5 Kloster auf ein Fischerboot am Fluss und trieb bewusstlos den Fluss entlang.[9]

Sie wurde wach in einem Haus von einem Mann, dem sie damals geholfen hatte. Seine Familie kannte sie vorher auch nur als Johannes Anglicus, nun kannten sie Johannas Geheimnis, aber versprachen es niemanden zu verraten. Johanna unterrichtete seine Tochter noch kurz bevor sie aufbrach zu einer Pilgerreise, um nach Rom zu gelangen.[10]

10 In Rom wurde Johanna als Johannes Anglicus in eine „scola" bzw. Schule aufgenommen und hatte dort sogar mehr Freiheit als im Kloster. Sie konnte kommen und gehen wann sie wollte und wurde sogar durch ihre breiten Kenntnisse der Medizin zur einer der berühmten Ärzte in ganz Rom. Sie war so beliebt, dass man sie dem Papst Sergius anvertraut hat, als die Leibärzte des Papsts versagt hatten. Sie erkannte die Krankheit und nach einigen Wochen wurde der

15 Papst wieder gesund. Johanna wurde von den anderen Ärzten aus Neid verachtet. Johanna wurde wenig später zum Leibarzt des Papsts Sergius. Sie half dem Papst dabei mit der Gicht Krankheit umzugehen und stand immer an seiner Seite.[11]

Der Bruder vom Papst Benedikt mochte Johanna nicht. Durch eine Prostituierte, die sich als krank ausgab, konnte Benedikt Johanna in den Kerker werfen, da er sie beschuldigt unkeusch

20 gewesen zu sein. Johanna verbrachte einige Zeit im Kerker bis sie wieder herausgeholt wurde um Sergius wieder zu heilen, denn der Kaiser war auf dem Weg nach Rom. Beim Besuch ist Benedikt mit einer Menge Gold aus Rom geflohen wurde aber von Gerold dem Ritter abgefangen und zurück nach Rom gebracht. Unter Einfluss von Alkohol veranlasste Sergius den Tod seines Bruders. Diese Entscheidung bereute er sehr, als Benedikt schon tot war, denn

25 ihm war nicht bewusst was er getan hat. Während Sergius trauerte, unterstützte ihn Johanna und der Papst legte sogar eine Beichte vor ihr ab, was eigentlich nur ein Kardinal annahm.[12]

Gerold und Johanna trafen sich wieder in Rom und Gerald wollte mit Johanna aus Rom flüchten, damit sie ein neues Leben beginnen konnten. Johanna lehnte ab, um dem Papst beiseite zu stehen. Wochen später erreichte Rom die Nachrichte, dass Sarazenen sich für

30 einen Angriff bereit machen, um Rom zu plündern. Beim Kampf versuchte Sergius mit Gebeten seine Armee zu ermutigen, doch als der Petersdom ausgeraubt wurde, verließen ihn

[9] vgl. Donna W. Cross (2009): 244, 245, 247, 281, 285, 291, 293, 316, 317
[10] vgl. A.a.O.: 321, 324, 326
[11] vgl. A.a.O.: 334, 335, 336, 341, 352, 354
[12] vgl. A.a.O.: 365,375, 377, 394, 410

die Kräfte. Johanna übernahm seine Aufgabe und ermutigte das Heer. Gerold eilte mit einer Armee zur Hilfe und schlug den Feind in die Flucht. Papst Sergius verstarb wenig später an den Folgen seiner Krankheit.[13]

Es wurde ein neuer Papst gewählt: Papst Leo. Gerold wurde „superista" ernannt. Er war eine

5 Art Oberbefehlshaber in Sachen Militär an der Seite des Papsts. Johanna wurde zum „nomenclator" ernannt. Das war der höchste Beamtenstatus, den man vom Papst erhalten konnte und war zuständig für das reiche und arme Volk. Der neue Papst lies mit Einstimmigkeit von Gerold und Johanna eine Mauer um den Petersdom bauen. Anastasius, eine Art Erzfeind vom neuen Papst, der auch bestrebte Papst zu werden, sabotierte den Bau

10 der Mauer und steckte diese in Flammen, woraufhin ein Stadtteil Roms in Flammen aufging. Die Bewohner Roms schafften es aber den Petersdom und den größten Teil Roms vom Feuer zu schützen. Ein Junge verriet Anastasius. Der Papst beschloss, dass Anastasius das Amt des Papstes verwehrt bleibt, doch Anastasius ist ohnehin schon nach Aachen ins Frankenreich geflüchtet. Nach einer siegreichen Schlacht und Fertigstellung der Mauer verstarb auch der

15 Papst Leo durch Vergiftung, die durch den Vater von Anastasius erfolgte. Anastasius machte sich zurück auf den Weg nach Rom, um sich als Kandidat für das Amt des Papstes aufzustellen, doch er erhielt die Nachricht, dass schon ein neuer Papst gewählt wurde. Das Volk wählte Johanna bzw. Johannes Anglicus zum neuen Papst.[14]

Somit war Johanna der erste weibliche Papst, was aber nur Gerold wusste. Johanna setzte sich

20 viel für Waisen und Bettler ein. Sie veranlasste den Wideraufbau eines Armenviertels, eröffnete eine Frauenschule und schaffte ab, dass nur Römer ein Amt antreten konnten. Sie schaffte sich viele Feinde und Kritiker, doch das schien sie nicht zu interessieren. Mit dem Bau der Frauenschule schritt die Emanzipation der Frau voran. Als eine Überflutung viele Menschen im Armenviertel bedrohte, rettete sie mit Gerold und vielen weiteren Soldaten die

25 Menschen aus dem Viertel, doch ein Unglück strömte Johanna und Gerold in ein Gebäude und waren dort für Tage eingesperrt. Ganz Rom dachte, dass beide schon gestorben sind. Johanna und Gerold erkannten ihre Liebe zueinander, die schon seit Jahren zwischen ihnen herrschte. Ihre innige Liebe veranlasste sie dazu Geschlechtsverkehr zu haben, obwohl Johanna es als Papst untersagt war unkeusch zu sein. Dazu war Johanna bis dahin auch noch

30 Jungfrau gewesen. Als die Überflutung nachließ, gelangten sie zurück in die Innenstadt und wurden vom Volk bejubelt und gepriesen.[15]

---

[13] vgl. Donna W. Cross (2009): 400, 411, 416, 423, 424, 425, 427, 428, 429
[14] vgl. A.a.O.: 438, 440, 442, 445, 458, 462, 465, 468, 473, 476, 482
[15] vgl. A.a.O.: 489, 490, 496, 500, 503, 505, 506, 507, 508, 510, 511, 516

Papst Johannes Anglicus war sehr beliebt unter dem Volk, denn er setzte sich mit dem Leben fürs Volk ein. Nur Arsenius, der Vater von Anastasius, versuchte weiterhin Johanna vom Thron zu stoßen. Er nutzte jede Gelegenheit ihr Sachen zu unterstellen damit ihr Ruf geschädigt wird, doch seine Versuche waren wirkungslos.[16]

5   Die Wasserversorgung im Armenviertel wurde durch Gerold restauriert, verkündete aber, dass er Rom verlassen wird. Johanna wurde während seiner Verkündung schlecht. Sie bemerkte, dass es ihr schon seit Wochen nicht gut ging und musste mit Entsetzen feststellen, dass sie schwanger ist. Johanna nahm ein Medikament, dass zwei Wirkungen hervorbringen konnte: Entweder das Kind in ihr wird abgetrieben und stirbt oder es wird eine Frühgeburt. Sie konnte

10 sich nicht sicher sein, was geschehen wird als sie die Medizin eingenommen hat. Nach Schmerzen, die sie überlebt hatte, musste sie feststellen, dass auch ihr Kind im Mutterleib überlebt hat. Johanna sah keinen Ausweg und erzählte Gerold, dass sie schwanger ist. Gerold schlug vor, aus Rom zu flüchten. Johanna willigte ein, aber da sie noch heilige Feiertage vor sich hat, wollte sie bis nach Ostern bleiben. Aber nach Ostern mussten sie warten, weil der

15 Kaiser Lothar mit Anastasius unterwegs nach Rom war und wenn der Papst nicht mehr da wäre, würde sich Anastasius das Amt unter den Nagel reißen mithilfe des Kaisers.[17]

Gerold wurde Angeklagt wegen Ketzerei. Er wurde beschuldigt sich mit Papst Johannes Anglicus über eine Vereinigung mit Griechenland unterhalten zu haben. Durch die Weisheit und Geschicklichkeit Johannas schaffte sie die Anklage nichtig zu machen. Anastasius gab

20 nicht auf und plante ein Attentat auf Johanna während sie eine Prozession machen würde. Am Tag der Prozession wurde Gerold beim beschützen Johannas auf eine große Gruppe von Männern aufmerksam, die Ärger bereiteten. Er ritt alleine auf sie zu und geriet somit in eine Falle. Im Kampf wurde Gerold von hinten erstochen. Johanna sah vom weiten wie Gerold zu Boden stürzte und eilte zu ihm. Alle Bewohner Roms umkreisten die beiden und Gerold starb

25 an seiner Stichwunde. In diesem Moment durchfuhr Johanna ein gewaltiger Schmerz durch ihren Leib. Sie wusste nun, dass das Kind kommen wird. Vor Schmerzen fiel sie und gebar vor allen Bürgern ihr Kind, eine Frühgeburt. Johanna starb blutend auf der Straße von Rom, doch sie fühlte sich im Inneren Erlöst und Zufrieden.[18]

2.3. Klischees und Stereotypen

30 Johanna hatte eine große Wissbegierde. Sie lernte schnell und ihr logisches Denken war sehr ausgeprägt. So etwas glich nicht dem normalen Charakter einer Frau im Jahre 800 n.Chr., doch Johanna hatte einen so großen Willen, dass sie sich nicht von anderen aufhielten ließ.

---

[16] vgl. Donna W. Cross (2009): 512, 514
[17] vgl. A.a.O.: 518, 519, 520, 525, 526, 527, 529
[18] vgl. A.a.O.: 533, 540, 542, 546, 548, 549, 550

Was man auch aus dem Roman herausgelesen hat, war ihr Wunsch ein Mann zu sein. Sie wünschte sich die Freiheit eines Mannes zu lernen, ohne das ein anderer versucht sie davon abzuhalten. *„Sie war es gewöhnt, eigenverantwortlich zu handeln; sie hatte die unumschränkte Gewalt über ihr eigenes Schicksal. Doch von Recht wegen musste eine Frau*
5 *ihr vollkommen in die Hände ihres Gatten legen."[19]*
Trotzdem konnte Johanna ihre Weiblichkeit nicht verbergen. Ihr emotionaler Charakter verführte sie oft zum Leichtsinn und führte sie dazu, dass sie sich in Gerold verliebte. Ich vermute, dass er für sie eine bessere Vaterfigur war als ihr Vater der Dorfpriest. Gerold kümmerte sich immer um Johanna, unterstützte sie beim Lernen und zeigte Verständnis für
10 Johannas Taten. Sie wollte ihre Jungfräulichkeit behalten und wollte sich niemals an einen Mann binden, doch für Gerold war sie bereit dazu, auch wenn ihre Pflichten in Rom als Papst wichtig waren. Zwar wollte sie sich nicht eingestehen, dass sie Gerold liebte, doch als Gerold sie entjungferte, hat sie es sich eingestanden.[20]
Ihre Ablehnung einer Ehe entstammt von ihrem Vater. Dieser hat Johanna immer geschlagen
15 und Johanna wollte deshalb nicht mehr unter der Macht eines Mannes stehen. *„Sie wollte niemals heiraten. [...] Doch in Johannas Augen war es unverständlich, ja, unglaublich, dass Mädchen in ihrem Alter so versessen auf Heiraten waren; [...] Ein Ehemann hatte die vollkommene Herrschaftsgewalt über sein Frau und ihre Kinder, ihren Besitz, ja, ihr Leben. Nachdem sie die Tyrannei ihres Vaters erduldet hatte, wollte Johanna nie wieder einem Mann*
20 *eine solche Macht über sich in die Hand geben."[21]*

3. Elisabeth I.

Elisabeth I. wird heute auch als die *„Jungfräuliche Königin"[22]* bezeichnet. Am 17. November 1558, also mit 25 Jahren, wurde sie zur Königin und damit Herrscherin von England. Zuvor
25 war ihre Halbschwester Maria I. Königin. Maria I. war sehr unbeliebt unterm Volk und ihre Beziehung zu Elisabeth war schlecht. Als Maria I. im Herbst 1558 verstarb, wurde Elisabeth durch Einstimmung des Staatrats Thronfolgerin.[23]
Schon im jungen Alter entwickelte Elisabeth I. eine Leidenschaft zur Literatur. Mit zehn Jahren konnte sie schon Französisch, Italienisch und Spanisch, was sich während ihrer
30 Herrschaft als nützliche erwies. Zudem war sie musikalisch versiert und lernte Poesie zu

---

[19] Donna W. Cross (2009): 407
[20] vgl. A.a.O.: 178, 507
[21] A.a.O.: 178
[22] Herbert Nette (2013): 140
[23] vgl. A.a.O.: 20, 31

lieben. Reiten, Tanzen und Jagen galten auch als ihre Hobbys, weshalb man schon hier von ihrer Vielseitigkeit einen Eindruck bekommt.[24]

Allgemein war sie eine sehr beliebte Königin, das Volk verehrte sie. Sie veränderte viel in England: Sie ging Sparsam mit dem Geld im Haushalt um, versuchte die Religion sie

5 vereinen, pflegte Bündnisse mit anderen Königen und setzte sich für das Volk ein, indem sie für den Wohlstand und die Umschichtung der Sozialstruktur sorgte. Zwar scheute sie den Krieg, da ihr die Kosten eines Krieges zu hoch waren, doch trotzdem setzte sie sich erfolgreich gegen Spanien durch. Ihre Ziele waren simpel: Frieden innerhalb und außerhalb Englands, einheitlicher Staat und einheitliche Kirche und Wohlstand.[25]

10 Ihre Verhandlungsstrategien waren prägend für England: Ist ein Problem aufgetreten, zögerte sie die Lösung so weit wie möglich heraus. Sie ließ sich nichts von ihren Beratern sagen, sondern verfolgte stur ihren Plan. Das führte von einem Erfolg zum anderen.[26]

3.1 Klischees und Stereotypen

Nun, warum war Elisabeth I. die Jungfräuliche Königin? Es war doch üblich, dass eine

15 Königin eine Ehe eingeht, um einen König an ihrer Seite zu haben und danach Kinder gebärt, die dann in die Thronfolge eingereiht werden.

Es war nicht so, dass Elisabeth I. keine Verehrer hatte, im Gegenteil, seit ihrem dreizehnten Lebensjahr hatte sie bis zu ihrem Tod viele Liebhaber, doch Elisabeth hatte entweder keine Interesse oder pflegte nur eine Freundschaft, um Verbündete aus anderen Ländern zu haben.

20 Dabei ließ sie den Verehrer im Glauben, dass eine Chance der Heirat besteht, doch sie verwendete ihre berühmte Strategie den Kontakt in die Länge zu ziehen. Sie genoss die Verehrung sämtlicher Männer, es stärke ihr Selbstbewusstsein.[27]

Aber warum verhielt sich Elisabeth I. so? Weshalb weigerte sie sich zu heiraten und Nachfolgen zu zeugen? Man kann nur aus ihren Aussagen schließen, dass sie die Heirat

25 verabscheute und sich ihre Macht nicht von einem König nehmen lassen wollte. *„Ich hasse den Gedanken an Ehe [...], aus Gründen, über die ich selbst mit einer Zwillingsseele nicht sprechen würde."*[28] Sie sorgte sich mehr um den Wohlstand ihres Volkes.[29]

Eins der wichtigsten Charaktereigenschaften waren ihr eigener Wille und ihr Mut. Elisabeth schaffte es als Frau in einem Staat voll von männlichen Hauptmännern, männlichen

30 Staatratsmitgliedern und männlichen Herrschern aus dem Ausland ihre Befehlsmacht zu

---

[24] vgl. Herbert Nette (2013): 13, 14
[25] vgl. A.a.O.: 140, 143, 144, 145
[26] vgl. A.a.O.: 143
[27] vgl. A.a.O.: 38, 140
[28] E.b.d.
[29] vgl. A.a.O.: 38, 43

bewahren. Niemand schaffte es sich ihr zu widersetzen oder ihre Meinung zu ändern. Ihre Willensstärke war zu stark und sie war zu stolz, um sich etwas sagen zu lassen. Sie bewies damit in einer Gesellschaft, wo normalerweise der Mann die Führungskraft war, dass eine Frau genauso intelligent, mutig, verantwortungsbewusst und willensstark sein kann, wie ein

5   Mann. Trotzdem schaffte sie es ihre Weiblichkeit beizubehalten. Sie war sehr emotional, was sich auch in ihrer Politik widerspiegelte. Sie konnte aber auch streng und diszipliniert handeln und das Gleichgewicht zwischen Emotionen und Disziplin zu halten war ein bewundernswerter Teil ihrer Willenskraft.[30]

Folglich kann man über Elisabeth I. sagen, dass sie als Frau im 16. Jahrhundert eine der

10   bedeutendsten Frauen war, die dazu beigetragen haben, dass eine Frau mehr ansehen hatte als zuvor. Abgesehen davon muss man aber erwähnen, dass Elisabeth I. ihre Zuversicht und ihren Mut als männliche Eigenschaft darstellte mit den Worten: *„Ich besitze das Herz eines Mannes und nicht das einer Frau und fürchte mich vor nichts. "*[31]

15   **4. Jeanne d'Arc**

Jeanne d'Arc oder auch *„Jungfrau von Orleans"*[32] ist eine französische Nationalheldin aus dem 15. Jahrhundert. Geboren wurde sie 1412 in dem lothringischen Ort Domrémy[33].

Im Alter von 13. Jahren habe Jeanne d'Arc Stimmen gehört und ein Licht aus der Richtung einer Kirche gesehen, die sie selbst als *„eine Offenbarung von Unserem Herren"*[34] beschrieb.

20   In dieser Offenbarung wurde ihr gesagt, dass sie sich ordentlicher verhalten muss und sie die Kirche oft besuchen soll. Außerdem wurde ihr gesagt, dass sie Orleans von einer Belagerung befreien muss, weshalb sie nach Frankreich aufbrechen musste, auch wenn ihr Vater es verbietet. Diese Offenbarung hatte sie danach noch mehrere Male.[35]

Jeanne d'Arc befolgte der Stimme und besuchte so oft es geht die Kirche. Angehörige

25   bemerkten ihr frommes Verhalten. Sie wurde beschrieben als *„temperamentvolles, geselliges und eher selbstbewusstes junges Mädchen"*[36], aber ihre Frömmigkeit galt schon als hyperaktiv, denn sie drückte sich vor Hausarbeiten im Elternhaus, sie verzichtete auf Spaß mit anderen Kindern und schwur, für immer Jungfrau zu bleiben, nur um die Kirche zu besuchen und Gottes Worten zu folgen.[37]

---

[30] Herbert Nette (2013): 37, 38, 45, 57, 69, 99, 120, 140, 143, 145
[31] A.a.O.: 116
[32] Gerd Krumeich 2012: 9
[33] vgl. A.a.O.: 17,18
[34] A.a.O.: 19
[35] vgl. E.b.d.: 19
[36] A.a.O.: 22
[37] vgl. A.a.O.: 22, 23, 24, 25

Die Stimmen, die Jeanne d'Arc hörte, waren ein einzigartiges Merkmal, dass sie bis zum Tod besaß. Mit den Stimmen bzw. den Worten Gottes und ihrem Charisma überzeugte sie hohe Mächte ihr zu glauben in Sachen Strategien im Krieg, denn sie tat alles „*im Namen Gottes*"[38]. Es spielte auch die Verzweiflung der Mächte in Frankreich eine große Rolle, denn England

5   nahm eine Stadt nach der anderen in Frankreich ein, beispielsweise auch die Stadt Orleans.[39] Jeanne d'Arcs Überzeugungskraft war so stark, dass Ritter und Völker sich ihr anschlossen, um mit ihr gegen die englischen Truppen zu kämpfen. Durch diese gestärkte Volksgemeinschaft gelang es den französischen Truppen unter der Führung Jeanne d'Arcs Orleans zurück zu erobern. Trotz des Erfolgs waren die Ritter misstrauisch gegenüber Jeanne

10   d'Arc, auch wenn sie mit Gottes Hilfe kämpfte.[40] Der letzte Angriff auf die Hauptfestung bewies Jeanne d'Arcs Willenskraft, denn trotz Verletzung, kämpfte sie weiter und färbte mit ihrer Kampflust bei den Truppen ab. Der Erfolg brachte Jeanne d'Arc viel Ansehen und Berühmtheit.[41]

Jeanne d'Arc hatte viele weitere Erfolge in Schlachten gegen die englische Besatzung und es

15   führte später zur Krönung des Königs in Reims.[42]

Als sie versuchte Paris einzunehmen, wurde sie gefangen genommen und vor einem Prozess zum Tode auf einem Scheiterhaufen verurteil, denn ihre Begründung alles in Gottes Namen zu tun wurde als falsch abgestempelt und als Satans Werk abgetan.[43]

Bis heute wird Jeanne d'Arc in Ehren gehalten. Sie hat einen eigenen Nationalfeiertag (der

20   zweite Sonntag im Mai) in Frankreich erhalten und ihre Geschichte ist ein weltbekannter Nationaler Mythos der Franzosen.[44]

4.1 Klischees und Stereotypen

Jeanne d'Arc verhielt sich zu ihrer Zeit sehr untypisch als Frau. Der erste Aspekt ist das Tragen von Männerkleidern. Sie verzichtete auf Kleider einer Frau und lies sich extra

25   Männerkleidung anfertigen.[45] Ich vermute, dass sie damit verdeutlichen wollte, dass sie als Frau Gleichberechtigung haben wollte. Wie ich in meiner Hausarbeit schon schrieb, war normalerweise die Frau dem Mann unterlegen bzw. untergeordnet. Das Tragen von Männerkleidung war Frauen untersagt, weshalb der Richter im Prozess gegen Jeanne d'Arc dies als einen wichtigen Anklagepunkt aufführte. Jeanne d'Arc zeigte keine Scham oder Reue

---

[38] Gerd Krumeich 2012: 40
[39] vgl. E.b.d.
[40] vgl. A.a.O.: 41, 42, 43
[41] vgl. A.a.O.: 44, 45, 46, 47
[42] vgl. A.a.O.: 2
[43] vgl. A.a.O.: 2, 98, 99, 100, 101, 102
[44] vgl. A.a.O.: 2, 116
[45] vgl. A.a.O.: 30

in diesem Anklagepunkt, für sie spielte es wohl keine Rolle, ob sie Männerkleider tragen durfte oder nicht, sie wollte damit vermutlich nur ein Zeichen setzen und zeigen, dass sie sich eher männlich fühlt, als weiblich.

Gerd Krumeich verwendet in seinem Buch die Wörter *„Draufgängerin"* und *„Kämpferin"*
5 als Umschreibung für Jeanne d'Arcs Kampfbreitschaft. Meiner Meinung nach eine sehr passende Umschreibung für die simple Strategie, die sie verfolgt, denn sie verbiss sich in ihren Plan, direkt die Engländer anzugreifen, obwohl das Militär eigentlich abwarten wollte, bis königliche Truppen als Verstärkung eintreffen. Jeanne d'Arcs Kampfstrategie, geleitet von Gottes Hilfe, führte die Franzosen zum Sieg. Passend ist der Begriff *„Kämpferin"*, weil sie
10 trotz Verletzung weiterkämpfte und ihren Mitstreitern Mut damit verschaffte.[46]

Im Abbildungsverzeichnis finden sie die Abb. 1 „Jeanne d'Arcs Einzug in Orleans" (1887) von Jean-Jacques Scherrer. Zu sehen ist Jeanne d'Arc auf einem Pferd, die umgeben von Menschen ist, vermutlich Bürger von Orleans. Hinter ihr sind Männer in Rüstungen zu sehen, die mit Lanzen ausgestattet sind. Jeanne d'Arc trägt ebenfalls eine Rüstung und hält ihr
15 Banner in die Luft. Ihr Banner symbolisiert ihre Willenskraft, da sie dieses Banner nur hochhalten musste, um die Ritter zu motivieren weiterzukämpfen.[47] Jeanne d'Arc ist in einer Kriegsführer Rolle, da sie die Männertruppe hinter sich stehen hat und ist somit das vorderste Glied der Truppe. Auch gut symbolisiert hat der Maler die Hilfe Gottes. Hinter Jeanne d'Arc und der Truppe ist ein Kirchenturm zu sehen, meiner Meinung nach ein Symbol, dass die
20 Kirche bzw. Gott hinter Frankreich und Jeanne d'Arc steht.

Unüblich für eine Frau ist auf dem Bild die Führungsrolle einer Armee bzw. eines ganzen Schlachtzugs. Es ist verwunderlich, dass die Männer ihr folgen und nicht ihrem Hauptkommandanten, was bedeutet, dass Jeanne d'Arc großes Vertrauen in den Männern weckt.
25 Bei den Engländern hingegen schürt sie Furcht, allein durch ihr Erscheinen und hochhalten ihres Banners[48], unüblich für Männer sich vor einer Frau zu fürchten.

Aber Jeanne d'Arc hatte nicht nur (eher) männliche Charaktereigenschaften. Ein Magister, der eine wichtige Rolle im Verdammnisprozess gegen Jeanne d'Arc spielte, sagte, dass sie eine *„weibliche Spitzfindigkeit"*[49] hat. Bedeutet nach meinem Verständnis, dass Jeanne d'Arc in
30 dem Prozess genaue und schlagfertige Argumente brachte, die den Richter zum nachdenken brachten. Beispielsweise als der Richter sie fragte, ob die Stimmen wirklich ihr sagten, sie soll

---

[46] Gerd Krumeich 2012: 40, 41, 42, 46
[47] A.a.O.: 46
[48] A.a.O.: 44
[49] A.a.O.: 105

ihren Vater und ihre Mutter ohne weiteres verlassen, was bewiesen hätte, dass die Stimmen nur vom Satan kommen können, da sie sonst gegen das 4. Gebot[50] verstoßen hätte. Jeanne d'Arc antwortete darauf wie folgt: *„Ihren Stimmen sei es recht gewesen, hätte sie Vater und Mutter vorab informiert. Aber angesichts der Gefahr, dass die Eltern ihren Weggang*

5 *verhindern wollten, hätte sie es ihnen um keinen Preis gesagt „Da Gott es befahl, musste ich es tun"* [51]. Sie hat also mit der Freiheit des Christen zu Gott argumentiert, denn Gott hat diese 10. Gebote gestellt, aber seine Worte stehen trotzdem über diese Gebote.

Der Begleiter von Jeanne d'Arc Jean d'Aulon beschrieb die Jungfrau als *„junges Mädchen [...], schön und wohlgestalten"* [52], was ein wichtiges Merkmal einer Frau für den Mann ist,

10 doch zusätzlich sagte der Begleiter, dass er keine *„fleischliche Begierde"* [53] nach ihr verspürte, obwohl er sie auch nackt sah und berührte. Er sagte auch, dass er sowas von vielen anderen auch schon gehört hat[54]. Wahrscheinlich war es für die Männer nicht reizvoll, dass Jeanne d'Arc sich in den Krieg begab und dabei auch verletzte. Es war nämlich nicht üblich, dass Frauen in einer Machtrolle steckten und in den Krieg zogen[55]. Männer fühlten sich wohl

15 dadurch eher eingeschüchtert und haben es wohl nicht einsehen wollen, dass eine Frau eine höhere Position hatte als sie selbst.

5. Das Kampfjungfrauen-Motiv
5.1. Was ist ein „Motiv"?

20 *„Motiv 1) Beweggrund, Antrieb [...]"* [56], so wird es in einem Lexikon definiert. Meiner Meinung nach hat es auch eine andere Bedeutung: Ein Motiv kann auch eine Menge von Charaktereigenschaften zusammenfassen, die dann zu einem Beweggrund führen, beispielsweise die Charaktereigenschaften „hinterlistig", „arm" und „gierig" könnte man als „Diebes-Motiv" zusammenfassen, basierend auf dem Klischee dem ich nachgehe, dass ein

25 Dieb eine List hat, um ein Gut zu stehlen, weil er vielleicht arm oder einfach nur gierig ist. Ob das „Kampfjungfrauen-Motiv" existiert werde ich nun auch mit Belegen darlegen.

5.2 Welche Eigenschaften besitzt eine „Kampfjungfrau"?

Zunächst möchte ich mich dem Wort selbst widmen. Der Begriff „Kampfjungfrau" besteht aus den Wörtern „Kampf" und „Jungfrau". Bedeutet, dass eine Kampfjungfrau bereit ist zu

---

[50] 4. Gebot aus den 10. Geboten Gottes: *„Ehre deinen Vater und deine Mutter, damit du lange lebst in dem Land, das der Herr, dein Gott, dir gibt."* - Die Bibel (2004)
[51] Gerd Krumeich 2012: 24
[52] A.a.O.: 108
[53] A.a.O.: 109
[54] vgl. A.a.O.: 108, 109
[55] vgl. Hausarbeit
[56] Meyers Universallexikon (2007): 621

Kämpfen. In den Beispielen war Jeanne d'Arc die einzige, die im Krieg gekämpft hat als Anführerin. Elisabeth I. hat den Krieg eher gemieden, aber musste zum Schluss doch gegen die spanische Flotte ankämpfen, aber sie kämpfte nicht an der Front mit, sie bestärkte nur kurz vorm Kampf ihre Flotte. Johanna bestärkte gegen die Sarazenen die Arme, als der Papst
5 Sergius versagte. Johanna war eher fromm und nicht kriegswillig. In meiner Hausarbeit habe ich mich mit Brünhild aus dem Nibelungenlied beschäftigt. Sie veranstaltete Wettkämpfe und nur wer gegen sie gewann, war würdig sie zu heiraten. Sie hatte eine starke Kampflust und konnte sich einigen Männern zu Wehr setzen. Als sie verheiratet war kämpfte sie nicht mehr und war auch nicht mehr jungfräulich.

10 Ich denke aber, dass der Begriff hier mehrere Bedeutungen haben kann: Früher (ca. vor dem 19. Jahrhundert) war es die Aufgabe des Mannes in den Krieg zu ziehen und zu kämpfen, während die Frau sich um den Haushalt gekümmert hat. Im Roman von **Donna W. Cross** *„Die Päpstin"* war eher der Fokus auf die Einteilung bei Bildung und Hausarbeit. Die Frau machte die „niedere" Arbeit und der Mann lernte, um Gelehrter oder Priester zu werden,
15 wobei der Bruder von Johanna Johannes lieber ein Krieger sein wollte.[57] „Kampf" könnte sich also hier entweder bedeuten, dass die Frau für ihre Emanzipation kämpft, um sich dem Mann gleichzustellen oder aber sich vom weiblichen Charakter abzuwenden und männliche Charakterzüge anzueignen, wenn diese nicht schon eine Frau bereits besaß.

Das Wort „Jungfrau" bedeutet, dass die Frau noch kein Geschlechtsverkehr hatte. Bloß passt
20 das nicht ganz zu allen Frauen, die ich als Beispiel aufgeführt habe. Elisabeth I. und Jeanne d'Arc sind jungfräulich gestorben, Päpstin Johanna und Brünhild hingegen haben sogar Kinder bekommen. Sind sie deshalb keine „Kampfjungfrau" mehr? Sie haben zwar ihre Jungfräulichkeit verloren, aber das bedeutet nicht, dass sie ihre männlichen Charakterzüge verloren haben. Denn in der Zeit, wo sie noch Jungfrau waren, haben sie viele Eigenschaften
25 gehabt, die eher einem Mann zuzuschreiben waren. Danach hat sich das nicht geändert, abgesehen davon, dass Brünhild verheiratet wurde und nun Gattin war, den Willen, die Streitlust und ihren Mut hat sie behalten. Auch Johanna behielt ihre Wissenslust, ihren starken eigenen Willen und ihren Mut, sich unter vielen Männern weiter verdeckt als Mann auszugeben.

30 Somit ist das Wort „Jungfrau" eher auf den eigenen Willen der Frau bezogen, den Willen der Gleichberechtigung und dem Mann nicht mehr untergestellt zu sein bzw. keine Hilfe vom Mann zu brauchen.

---

[57] Donna W. Cross (2009): 24, 25

Schlussendlich bedeutet der Begriff „Kampfjungfrau", das eine Frau sich vom Mann unabhängig fühlen will und sich nach Gleichberechtigung sehnt. Und dafür steht sie mit ihrem eigenen Willen und ihrer eigenen Meinung ein, auch wenn es bedeutet, dass sie dafür kämpfen und Opfer bringen muss.

Die Eigenschaften einer Kampfjungfrau heb ich durch meine vier ausgewählten Beispiele hervor und werde sie zum Schluss miteinander vergleichen um ein gemeinsames Bild der „Kampfjungfrauen" zu schaffen:

5.2.1. Päpstin Johanna

Johanna hatte den Drang nach Wissen, was ihr schon von Kind auf verwehrt wurde. Sie setzte sich mit eigenem Willen durch und lernte trotzdem lesen, schreiben und das Wort Gottes. Sie verteidigte ihre Meinung mit schlagfertigen Argumenten und setzte sich unter den ganzen Männern durch, um zu lernen. Trotz Verspottung und Einsamkeit ließ sie sich nicht abhalten weiter zu lernen. Ihr Wille der Gleichberechtigung brachte sie sogar dazu sich als Mann auszugeben und sie bemühte sich, ihre Identität beizubehalten. Sie stellte Gesetze und biblische Wörter in Frage, denn für sie ergab die Gewaltenteilung zwischen Mann und Frau keinen Sinn. Als sie Papst wurde, erkannte sie, dass Gott nichts gegen sie haben konnte als Frau, denn sie erhielt keine Strafe Gottes.[58] Die Liebe spielte für sie aber auch eine Rolle, brachte sie aber nicht davon ab, ihre Gleichberechtigung zu fordern.

5.2.2. Brünhild aus dem Nibelungenlied

Brünhild war eine kampflustige Frau. Sie zeigte von Anfang an, dass sie mächtiger als ein Mann sein kann. Sie lehrte Männern das fürchten. Nur ein Mann schaffte es sie zu überwältigen, der sich aber als ein anderer Mann ausgab. In ihrer Hochzeitsnacht schaffte Brünhild ihren Gatten, der diesmal nicht der andere getarnte Mann war, zu überwältigen und ihn vom Beischlaf zu hindern. Nur der getarnte Mann schaffte es ihr die Jungfräulichkeit zu nehmen.

Bei Streitgesprächen überzeugte Brünhild mit übermütiger Gewalt und harten Worten. Doch ihr Selbstbewusstsein wurde immer schwächer, sodass sie ihre „Männlichkeit" verlor.

5.2.3. Jeanne d'Arc

Jeanne d'Arc war wie Brünhild: Sie kämpfte gern, aber nicht für sich selbst, sondern für ihr Vaterland Frankreich. Mit Selbstvertrauen und Mut riss sie sich die Militärgewalt von den Männern an sich. Zwar überzeugte sie mit Gottes Worten, aber die Männer hörten auf sie, obwohl sie eine Frau war. Sie hatte keinerlei Interesse an die Liebe und war somit bis zu ihrem Tod jungfräulich. Vor Gericht brachte sie auf jede Frage eine schlagfertige Antwort mit

---

[58] Donna W. Cross (2009): 487

Hilfe Gottes Worten und beteuerte ihre Unschuld. Ihr Stolz konnte ihr keiner nehmen, sogar nicht, als sie lebendig in der Öffentlichkeit verbrannt wurde. Ihren ganzen Stolz verdankte sie ihren Stimmen, die nach ihrer Aussage Gottes Worte waren.

5.2.4. Elisabeth I.

5 Die Königin von England Elisabeth I. war eine kluge und selbstbewusste Frau. Sie nutzte ihre Befehlsmacht aus und änderte vieles in England für den Willen des Volks. Sie selbst fühlte sich immer mehr als Mann. Ihre Worte *„Ich habe das Herz eines Mannes, nicht das einer Frau, und keine Angst vor irgendetwas.“*[59] bedeuten, dass sie zwar aussieht wie eine Frau, aber den Willensstärke, den Mut und die Zuversicht eines Mannes besitzt.

10 Ihre Gefühle glichen aber eher einer Frau: Sie trauerte oft um andere Menschen, weinte wenn sie verstarben und ihr nahe gestanden haben. Doch sich an einen Mann binden kam für sie nicht in Frage, auch wenn es alle forderten. Sie war eng mit einigen Männern befreundet, war sogar kurz vor einer Eheschließung, doch immer wieder entschied sie sich fürs Volk. Keiner konnte sie davon abbringen nicht zu heiraten und so starb sie dann als Jungfrau.

15 #### 5.3. Vergleich und Schlussfolgerung

Festzuhalten ist, dass die Frauen alle ihren eigenen Willen hatten. Jede dieser Frauen verfolgte ein Ziel und sie setzten alles dafür, es zu erreichen. Ich schließe in diesem Vergleich Brünhild aus, denn meiner Meinung nach passt sie nicht zu den anderen Kampfjungfrauen, denn ihr eigener Wille wurde zum Ende gebrochen und sie verhielt sich nur noch wie eine Gattin. Sie

20 kämpfte nicht für Gleichberechtigung und nach ihrer Eheschließung verlor sie ihre Kampflust. Johanna, Elisabeth I. und Jeanne d'Arc waren alle unabhängig. Elisabeth und Jeanne d'Arc wurden als Frau akzeptiert vom Volk, Johanna hingegen nur als ihre männliche Identität. Doch alle drei Frauen hatten das Ziel, ihr Volk zu verändern bzw. zu beschützen gegen Feinde. Johanna hatte zunächst das Ziel Freiheit zum Lernen und Gleichberechtigung

25 gekämpft, als sie diese nur durch Tarnung als Mann erhielt, setzte sie sich für das Allgemeinwohl ein.

Sie hatten auch eine hohe Überzeugungkraft gegenüber den Männern ihrer Zeit, die sich als der Frau übergestellt sahen. Dazu war Geschick und viel Charisma nötig, denn alle drei hatten bei einem Streitgespräch immer schlagfertige Argumente und gewannen den Schlagabtausch.

30 In Sachen Eheschließung und Jungfräulichkeit gibt es zwischen den drei Frauen Unterschiede. Johanna war schon immer verliebt, versuchte aber für ihr Ziel es immer zu unterdrücken. Als sie Papst wurde und ihr Ziel erreicht hatte, den Menschen zu helfen und ihren Wissensdurst zu stillen, gab sie sich ihrer Liebe hin und verlor ihre Jungfräulichkeit.

---

[59] Herbert Nette (2013): 116

Elisabeth I. wurde immer zur Ehe gedrängt, aber zeigte nur Desinteresse gegenüber anderen Männern in Sachen Liebe, sie hegte lieber eine Freundschaft. Ihr Grund war ihre Sorge um das Allgemeinwohl des Volks.

In der Geschichte Jeanne d'Arc wurde die Liebe nicht hervorgehoben oder erwähnt. Es wurde

5 erwähnt, dass sie immer jungfräulich gewesen war und auch als Jungfrau gestorben ist. Ihre Frommheit war wohl der Grund der Jungfrau.

Abschließend ist zu sagen, dass der Begriff „Kampfjungfrau" eine Existenzberechtigung hat, denn dieser schließt die Charaktereigenschaften Mut, Eigenwille, Selbstvertrauen, Wunsch zur Gleichberechtigung und Unabhängigkeit einer Frau in einen Begriff ein.

10 Eine Kampfjungfrau trug sichtlich viel zur Emanzipation der Frau bei, die in der heutigen Zeit eine weit verbreitete Gleichberechtigung zwischen Mann und Frau herbeiführte.

6. Literaturverzeichnis

Primärliteratur

- Donna W. Cross (2009): Die Päpstin, 62. Auflage, Berlin, Aufbau Verlag GmbH & Co. KG (Originalausgabe: Donna W. Cross (1996): Pope Joan, Berlin, Rütten & Loening Berlin GmbH)
- Gerd Krumeich (2012): Jeanne d'Arc – Die Geschichte der Jungfrau von Orleans, 2. durchgesehene Auflage, München, Verlag C.H. Beck oHG
- Herbert Nette (2013): Elisabeth I., 10. Auflage, Hamburg, Rowohlt Taschenbuch Verlag

Sekundärliteratur

- Peter Fiebag, Dr. Elmar Gruber, Rainer Holbe (2002): Mystica – Die großen Rätsel der Menschheit, Augsburg, Verlagsgruppe Weltbild GmbH (S.1065)
- „Die Bibel" (2004), Stuttgart, Verlag Katholisches Bibelwerk GmbH
- „Meyers Universallexikon" (2007), Mannheim, Bibliographisches Institut & F.A. Brockhaus AG (S.621)

7. Abbildungsverzeichnis

Abb.1: Jean-Jacques Scherrer: „Entreé de Jeanne d'Arc à Orléans", 1887, Orléans - Musée des Beaux-Arts

Quelle: http://www.dhm.de/archiv/ausstellungen/mythen/english/f12.html

Abb. 1: Jean-Jacques Scherrer: „Entreé de Jeanne d'Arc à Orléans", 1887 (Seite 11)